Reinhold Tebtmann

Dallos
Gehirnzeilen

Zum Buch

In diesem Buch findet man Sprüche, kurze
Gedichte und Klugscheißereien zu
vielen Lebenssituationen.

Zum Autor

Reinhold Tebtmann, geboren 1949 in Münster,
schreibt seit etwa 50 Jahren Liedertexte
sowie lustige und kritische Gedichte.

Reinhold Tebtmann

Dallos
Gehirnzeilen

Für alle
Maulhelden
Neunmalkluge
Dummschwätzer

Bibliografische Information der Deutschen Nationalbibliothek:
Die Deutsche Nationalbibliothek verzeichnet diese Publikation
in der Deutschen Nationalbibliografie, detaillierte bibliografische
Daten sind im Internet über http://dnb.dnb.de abrufbar.

©2020 Reinhold Tebtmann
Herstellung und Verlag: BoD – Books on Demand, Norderstedt.

ISBN: 978-3-7526-2353-6

Für alle die ich liebe

Und den Einen den ich hasse

Ich wünschte dass die Liebe bliebe

Und - dass der Hass mich dann verlasse

Inhalt

Menschliches

und

Unmenschliches

Du bist Weißer und warst nie ein Rassist

Das ist doch ein Widerspruch in sich

Weil es kulturelles Brauchtum ist

Ist es jeder auch du und ich

Wollen wir erkennen wie es ist

Dann müssen wir heute begreifen

Jeder von uns ist auch ein Rassist

Rassismus - ist die Kultur der Weißen

Ich lieb dies wunderbare Lachen

Du lachst vom Fuß bis zur Frisur

Bei deinem Lachen mitzumachen

Ist keine Kunst - - - bedenke nur

Man weiß es an der Börse schon

Es gilt ein Grundsatz der da wär

!!! Vermeide Überproduktion !!!

Du - Steffi - lachst inflationär

Männer die es wagen ihre Frauen zu schlagen

Sind nur nicht klug genug für Argumente

Die Evolution - sie lässt sie Versagen

So siegt ihre Dummheit am Ende

Wären sie klug wozu dann Gewalt

Männer werden Worten niemals trauen

Unter Männern wird mit Gewalt geprahlt

Doch wären Männer klug dann wären sie Frauen

16

Mit Dir hab ich versucht zu diskutieren

Du höhntest: Du bist wie meine Mutter

Ich habe versucht zu argumentieren

Dein Spott war mehr als bitter

Mein Vertrauen - es war Dir nichts wert

Mit einem Wort hast Du alles zerstört

Ich habe beschrieben und erklärt

Doch nie hast Du zugehört

Die Nationalisten die in Deutschland hassen

Nur Blonde und Blauäugige sind tabu

Kreischend hassen sie in Massen

Denn wer grölt hört nicht zu

Ihr wollt nicht erinnern – ihr wollt vergessen

Tatsachen sind für euch nicht mehr wahr

Doch Herero und auch Nama wissen

Ihr bautet schon KZs in Namibia

Schon wieder die Nacht zum Tag gemacht

Getrunken - getanzt - geredet - und

Mit fremden Leuten durchgelacht

Durchgefeiert ohne Grund

Es blendet helles Kerzenlicht

In meinem Schädel grellt Alarm

Den Mann im Spiegel kenne ich nicht

Und auch nicht die Frau in meinem Arm

Du bist in deinen Lügenmärchen immer Mittelpunkt

Spielst die Heldenrolle in deinen Geschichten

Und wer dich widerlegen will - der unkt

Um dir "Fake-News" anzudichten

Die Fähigkeit zu denken hast auch du bekommen

Denken ist möglich zwischen Wiege und Tot

Du hast das niemals wahrgenommen

Lügen ist dein tägliches Brot

Mordaufrufe im Stadion

Zielscheiben auf den Plakaten

Die Pyromanie wird zur Animation

Fäkalsprüche die auf Plakaten entarten

Bosse die sich endlich bequemen

Zu Aktionen die abscheulich waren

Wollen sie Verantwortung übernehmen

Ich frage: Warum nicht schon vor Jahren

Ich bin so unausgeglichen

Seltsam gereizt und unzufrieden

Als hätt der Teufel Schulden beglichen

Und mich aus meinem Paradies vertrieben

Dann stört sogar die Sonne

Und ich bin nicht Herr der Lage

Wenn ich dann niemandem etwas gönne

Dann weiß ich – ich bekomme meine Tage

Wenn ich auf meine Träume seh

Schau ich sehr oft zurück mit Wut

Zurückzublicken tut häufig sehr weh

Erinnerungen in Träumen sind selten gut

Schon lang vergessene Gefühle

Verdunkeln plötzlich die Gegenwart

Dann herrscht häufig schwüle Kühle

Ich werd sehr oft sehr verbittert wach

Manchmal da weckt mich nachts ein Schrei

Verzweifelt – voller Angst und schrill

Er ist kurz und schnell vorbei

Markerschütternd still

Atemlos die Dunkelheit

Lähmend die Stille die flirrt

Die Stimme bricht voller Seelenleid

Und mir ist die Kehle wie zugeschnürt

Zum Helden wurde ich heute

Generationen werden es erzählen

Bewundernd wünschen sich die Leute

Sie würden mich gerne zum König wählen

Helden vollbringen große Dinge

Sind mit Schmerzen noch aufrichtig

Tapfere Helden fürchten keine Klinge

Ich war beim Zahnarzt – gebührenpflichtig

Sag mir wo ist dein Verstand

Wo das Gehirn das für dich denkt

Und wer sagt dir: Was ist relevant

Weißt du noch wer deine Gefühle lenkt

Du bist der "Ja-Sager"

Andre Hirne sollen dich retten

Meinungen Anderer sind dein Viagra

Der wahre Sklave - spürt keine Ketten

Manchmal bin ich so verstört

Dass ich nicht mehr schlafen kann

Ob man das kann wenn man sich wehrt

Versuche ich vergeblich - dann und wann

Ihr fragt: Wie geht es dir

Ich sage euch immer: Danke gut

Doch nie hatte ich ein Gefühl dafür

Tief in mir wüten meine Verse aus Wut

Wieder starb ein junger Mensch an Drogen

Seine Mutter klagt: "Der Staat versagt

Die Drogenpolitik ist doch verlogen

Mafia beherrscht den Markt"

"Lehrer und Freunde versagen…

…und auch Kinder" schreit der Vater

"Oh Eltern – über andere hört man klagen

Doch IHR wart einmal die engsten Berater"

Manche Leute sagen

Du hast aber zugenommen

Dieselben werden später fragen

Wie hast du so schnell abgenommen

Das ist gar nicht schwer

Ohne Pläne und ohne Zucht

Siege ich beim Nahrungsverzehr

In mir wüten Fress- und Fastensucht

Oft und gern hab ich gestritten

Nie war mir eine Diskussion zu hart

Mancher hat deswegen vielleicht gelitten

Ich hoffe – dass IHR nicht darunter wart

Viele wandten sich ab von mir

Einige mussten mich beschimpfen

Ich setz mich heut nicht mehr zur Wehr

Und will nicht mehr um Ansichten kämpfen

Des Nachts wenn andre ruhen

Träume ich oft auf der Terrasse

Nur um meiner Seele Gutes zu tun

Plötzlich stört eine - wie ich sie hasse

Sie schleicht sich in das Unbewusste

Weckt mich auf - groß ist die Not

Die Blase wusste ob ich musste

Trennte sauber Harn von Kot

Häufig wollte ich mich entblößen

Doch heute will ich nur noch fliehen

Zu oft hielt ich mich für den Größten

Tatsachen waren manchmal nur Utopien

Heut bin ich zu alt für Utopien

Will nicht kämpfen in deinen Kriegen

Habe dir den Lorbeerkranz verliehen

Denn deine Lügen werden doch immer siegen

Du tust wichtige Dinge

So viele haben so viel davon

Und du führst eine scharfe Klinge

Manchmal endet das auch in Babylon

Du musst ein Engel sein

So viele müssten dich lieben

Doch tritt das leider selten ein

Ihr Engelmacher habt Engel vertrieben

Noch gestern warst du für mich da

Als ich dich auf dem Küchentisch

Plötzlich gänzlich nackt sah

Da wurde es sexistisch

Von Liebe keine Spuren

Es war die nackte Lust wohl

So wie ein Freier bei den Huren

Triebe sind einfach nur geil und frivol

Es gab einmal einen Maler

Der spielte mit dem Höllenfeuer

Für viele wurde es noch viel fataler

WIR machten den Maler zum Ungeheuer

Nun sind die Maler wieder da

Sie sind wieder NAtional-SoZIaler

Manche stehen ihnen wieder sehr nah

Ohne UNS wären sie nur schlechte Maler

Du siehst mich nicht wie ich mich sehe

Du deutest mich immer nur wie dich

Doch die Welt die ich verstehe

Akzeptiert so etwas nicht

Ich würde es gerne mal ausdiskutieren

Doch würdest du die Streitigkeiten

Die zwischen uns ja existieren

Nie mit mir aufarbeiten

Du forderst mich die ganze Nacht

Mit nur kleinen Erholungspausen

Du alleine hast die Macht

Eine Macht mit Grausen

Ich spür dich mehr als ich dich sehe

Du kommst mit List und Tücke

Bis ich verzweifelt flehe

Nimm mich kleine Mücke

Wer sind die Guten – wer sind die Bösen

Wer wird töten - wer wird erlösen

Muss das Gute moralisch sein

Ist böses immer gemein

Als Nazi machte er Karriere

Stauffenberg rettete unsere Ehre

Hitler hat schreckliche Taten begangen

Er wär heut ein Guter – hätt er gewonnen

Glaube

und

Unglaube

Wenn IHR Sternen glauben wollt

Lasst MICH mit dem Unsinn zufrieden

Glaubt ruhig weiter an euer Katzengold

Und ändert eure Meinungen nach belieben

Es gibt nur eure Interessen

Nie hört ihr anderen wirklich zu

Freundschaften - sind nur Petitessen

Menschen sind blind – spielen wir Blinde Kuh

Als Wunder wurde es Geschichte

Vom Geist bekam Maria einen Sohn

Auch wenn man es kaum glauben möchte

Selbst ein Ochse und ein Esel berichten davon

Jesus wurde geboren im Stall

Und lag in einer Krippe in Bethlehem

Er kam gegen den menschlichen Sündenfall

Und schuf zur Strafe "Last Christmas" von Wham

Christen glauben felsenfest

Dass die Bibel Wahrheit ist

Jungfräulich geboren worden

Ließ Jesus sich am Kreuze morden

Na dann ihr Lieben: Frohes Fest

Missbrauch von Kindern ist unsäglich

Ein Pfarrer aus Münster tat es täglich

Er quälte mit Genuss

Bis zum Samenerguss

Gottes Wege sind unerträglich

Zu dir hab ich aufgeschaut

Meine Welt hat dich bewundert

Mein kleines Herz hat dir vertraut

Schamlos hast du meine Seele geplündert

Gottgesandter Kinderschänder

Denn ich lernte als Kind bei dir

Der Schänder trug Kirchengewänder

Und wenn er kam – dann kam er bei mir

Heut Nacht hab ich mit Gott gesprochen

Nach Schwefel hatte es da gerochen

Er traf sich zur Heiden-Abwehr

Mit Allah – Jahwe - Luzifer

Durch Abschreckung erhöhen sie Leiden

Wollen Heiden zu den Göttern treiben

Helfen kam gar nicht in Betracht

So bekam Luzifer die Macht

Ab morgen werde ich ein besserer Mann

Ich will mein Leben ab morgen ändern

Und werde alles tun was ich kann

Die Welt zum Guten zu wenden

Ehrenamtlich will ich Vorbild sein

Dann helfen alle Menschen einander

Doch während ich plane da fällt mir ein

Ich bin doch schon besser als alle Andern

All die verdammten Religionen

In denen die Götter wohnen

Sie sind mir zuwider

Immer wieder

Doch all diese klugen Weisen

Die um mein Leben kreisen

Sind mir unbenommen

Stets willkommen

Meine Sonne strahlt charmant

Lockt mich mit ihrer Wärme – und

Ein lauer Wind fährt durchs Gewand

Ein Rotwein verwöhnt Lippen und Schlund

Könnt ich ihn halten den Moment

Ich wäre dann wohl im Paradiese

Und dies ein weiteres Sakrament

Ein Gottesbeweis den ich zuließe

Religion - aus Angst vorm Tod entstanden

Ist mächtig heut in vielen Ländern

Gewandelt zu Verbrecherbanden

Ein Heim für Kinderschänder

Einige leugnen jedes Wissen

Ihr Wissen besteht aus Glauben

Denn Gott hat das Gebot erlassen

"Du sollst das Denken nicht erlauben"

Tiktak tiktak die Zeit läuft ab

Probleme sind morgen von gestern

Tiktak tiktak die Zukunft wird knapp

Hohe Zeit für Betbrüder und Schwestern

Du glaubst an das "Danach"

Auf das "Ewiges Leben" hoffst Du

Du denkst dein Gott macht Dich wach

Spüren wirst Du nicht mal die "Ewige Ruh"

Du sollst nicht töten

Niemand hat ein Recht dazu

Keine Schuldigen und keine Föten

Menschen zu töten ist für jeden tabu

Das Geschwätz der Götter

Das Geschwafel der Propheten

Ist nur das Gesetz religiöser Täter

Denn jeder hat das Recht sich zu töten

Es war einmal ein Pfarrer

Der liebte nicht nur Schäfchen

Nein - dieser Pfarrer war bizarrer

Er liebte kleine Buben und Mädchen

Diesen Pfarrer versetzt man dann

Damit er frische Kinder sieht

Sodass er profitieren kann

Und seine Lehren zieht

Ein Mensch der ganz fest glaubt

Hält seinen Glauben für Wissen

Weil es sein Glaube erlaubt

Nie denken zu müssen

So werden Religionen

Zu Herrschern im Glauben

Und zu Terrororganisationen

Die freies Denken nicht erlauben

Manchmal träum ich von der guten alten Zeit

Von Ferien im katholischen Kinderheim

Mit einem Schild der Geistlichkeit

Da stand: Ich bin ein Schwein

Ich hab nach Kotze gerochen

In der Ecke die Hände voll Schleim

Auch andere hatten ihr Essen erbrochen

Aber ich tat es zweimal – Strafe muss sein

Freunde

und

Feinde

Hallo mein lieber Freund – lang ist es schon her

Wann haben wir uns das letzte Mal gesehen?

Erinnerungen daran amüsieren mich sehr

Zeit scheint so schnell zu vergehen

Mit 70 ändert sich der Wirkungsgrad

Und der Tod scheint um uns zu werben

Viele die uns formten liegen heute im Grab

Freund – sehen wir uns noch bevor wir sterben?

Wir kennen uns seit vielen Jahren

Ich war geblendet von deinem Charme

Lang glaubte ich dass wir Freunde waren

Doch du benutzt Andere - ganz ohne Scham

Nicht schade ist es um die Jahre

Weil die Zeit eine Bereicherung war

Alle Menschen sind Mängelexemplare

Nicht jeder Darsteller stellt etwas dar

Es gibt Menschen die ich sehr liebe

Doch mögen sie mich nicht so wie ich bin

Es wär wohl besser wenn ICH nicht ICH bliebe

Dann hätte auch mein Leben für SIE einen Sinn

So werde ich ihnen nicht gefallen

Mir bleibt nur eines noch - die Flucht

Darum muss ich heut sagen: Alles in Allem

Es gibt einen Rest in mir der Veränderung sucht

Ihr fragt erstaunt: Warum gehst Du fort

Brauchst Du denn Deine Freunde nicht

Die leben doch alle hier vor Ort

Nichts was für Änderung spricht

Ich nahm täglich Menschen wahr

Sie waren nett und sie mochten mich

Die Freunde – sie kamen nur 1x im Jahr

Und so wie ich bin – mochten sie mich nicht

Freunde fragten mich:

"Fühlst du dich glücklicher

Du hast jetzt viel Geld für dich"

So wird man zum Gedanken-Stricher

Glück kaufen mit Geld

Das ist wie Kirchensteuer

Keiner kann das in dieser Welt

Glück und Glauben sind viel zu teuer

Enttäuschungen sagt man gehören zum Leben

Und die Zufriedenheit benötigt kein Glück

Durch Unglück kann sich Glück ergeben

Zeit ist vom Glück ein kleines Stück

Noch niemals enttäuschte mich die Phantasie

Nie war ich enttäuscht von einem Joint

Auch die Liebe enttäuschte mich nie

Mich enttäuschte nur ein Freund

Ich habe euch unendlich geliebt

Und wurde beschimpft und erzogen

Ich ahnte nicht was Freundschaft gibt

Freunde haben meine Wahrheit verbogen

Gern hätt ich euch weitergeliebt

Doch klage ich nicht über mein Leben

Es ist schade um die Liebe die man gibt

Und all meine Liebe habe ich Euch gegeben

Mich schmerzt der Verlust des Alltäglichen

Auch der von flüchtiger Bekanntschaft

Ich verlasse heute die Unsäglichen

Heucheleien von Freundschaft

Ich gehe mit Trauer im Herzen

Die Seele voller Furcht wie als Kind

Ich suche Distanz zu meinen Schmerzen

Und auch zu den Freunden – die keine sind

Es quält mich - nicht zu schreiben wie ich will

Sie zerreißt mich meine Rücksichtnahme

Manche Wallungen ertrage ich still

Leichter hat es der Schweigsame

Freunde bestätigen sich Eitelkeit

Worte spülen Freundschaft über Bord

Freunden genügt ein gemeinsamer Feind

Denn Freundschaft ist doch nur ein Wort

Ich freute mich auf einen schönen Abend

In lange schon Vergangenem wühlen

Gemeinsame Erinnerungen haben

Die Schulzeit wieder fühlen

Doch was ich erleben musste war die Show

"Wie zeige ich allen: Ich bin der Beste"

Nie langweilte ich mich vorher so

Dies Treffen war das letzte

Manchmal hätte ich gern ein Ohr

Es wäre wichtig wie Wasser und Brot

Manchmal kommt es mir so schwierig vor

Niemanden zu haben der zuhört - in Not

Freunde hab ich als Gegner genug

Auch Besserwisser haben es gut gemeint

Mancher der mich mit Ratschlägen schlug

Manchmal hätt ich nur gern einen Freund

Einige Freunde sagten mir:

Du musst dich endlich anpassen

Das machen auch die anderen hier

Du musst die Besonderheit unterlassen

Voller Staunen meinte ich:

Was wär dann von mir geblieben

Wenn ich mich ändere mögt IHR mich

Doch ICH könnte mich nicht mehr lieben

Viel leichter wäre es gewesen

Hätt ich den Freunden zugestimmt

Am Wesen der Freunde wär ich genesen

Doch wär das Leben dann fremdbestimmt

Freunde würden zu mir stehen

Hätten Interesse an meinem Leben

Doch so pflegeleicht wie sie es sehen

Würde es mein Leben gar nicht geben

Diesen Menschen liebe ich noch heute

Er spielte jedem vor mehr zu sein

Und benutzte dazu alle Leute

Er war groß – andere klein

Lange fühlte ich mich gut

Ob groß oder klein war pipapo

Später war er mir nicht mehr genug

Da mochte sein Ego mich nicht mehr so

So gerne würde ich dich mögen wollen

Vielleicht wär ich sogar dein Freund

Gefangen stecken wir in Rollen

Einer ist des anderen Feind

Nie gaben wir die Rollen auf

Doch heute ahnen wir insgeheim

Vielleicht wär es ein Hindernislauf

Doch Blicke sagen: Es hätt können sein

Hab ihn wohl nicht verdient – den Freund

War wohl zu vorlaut - wohl zu frech

Hab Kompromisse meist verneint

Fühlte mich zu oft im Recht

Hab gelebt so wie ich kann

Und auch bedingungslos geliebt

Hab alles bekommen - irgendwann

Nur Freunden war ich ein Störenfried

Mein Freund der bat mich einst um Rat

Er würd gern meine Meinung wissen

Und ob ich helfe mit Rat und Tat

Weil ER - SIE verlassen müsse

Mit viel Einsatz half ich gerne

Und räumte Probleme aus der Welt

Damit seine Trennung ihn nicht härme

ICH leb nun mit IHR - von SEINEM Geld

Wer anderen eine Grube gräbt

Ist wohl ein Grubengräber

Hat er wen hineingelegt

Ist er Totengräber

Sind die Preise höher

Und er ein bisschen stiller

Ist die Methode etwas gröber

Dann ist er wohl ein Mafia-Killer

Manche Menschen grollen

Und solltest du zu ihnen wollen

Dann wäre es deine heilige Pflicht

Komm nie ohne Streuselkuchen nicht

Dieselben Menschen wissen

Du magst keinen Kuchen essen

Trotzdem werden sie dich besuchen

Mit einem Tablett voll Streuselkuchen

Heut muss ich wieder in die Kneipe

Wieder mit den Kumpels saufen

Spüre dann im eigenen Leibe

Alkohol mit Leber raufen

Wer gewinnt die Oberhand

Morgen fürchte ich die Rache

Schlag den Schädel an die Wand

Schwör dass ich es nie mehr mache

Ich werd Freunde nie verstehen

Die Geschenke und Grüße kritisieren

Die nur den Wert und den Vorteil sehen

An Liebe und Herz keinen Gedanken verlieren

Mit Kritik sind sie die Ersten

Sie sehen nicht die Tat als Gabe

Und kennen keine Freundschaftsgesten

Dank – gibt es nur für Wert und Ware

Junge

und

Alte

Schön war's am Pleistermühlenweg

Fast alle waren freundlich und nett

Hier leben zu dürfen war ein Privileg

Begleitet von einer hohen Qualität

Ausnahmen gibt es leider auch hier

Einige wenige schmieden ihre Ränke

Sie halten sich für Volks-Erzieher

Ihr Leben wäre leer ohne Gezänke

Nun geht es ans Eingemachte

Mein Kreislauf rast und schwankt

War denn alles richtig was ich machte

Der Kopf sagt "Ja" – doch die Seele bangt

Ob Angst der Freude weicht

Ich mischte so oft meine Karten

Mein Etappenziel hab ich nun erreicht

Aber jetzt - muss ich auch noch starten

Jetzt bin ich siebzig – meine Zeit ist nun reif

Ein weiterer Lebensabschnitt geht zu Ende

Der Moment ist gekommen – that's life

Für mich die letzte große Wende

Alles entsorgen - verkaufen - verschenken

Doch werde ich danach kein anderer sein

Noch kann ICH entscheiden und denken

Morgen gehe ich ins Seniorenheim

Befreiend spüre ich dieses Gefühl

Jetzt - da ich als alter Knabe

Nun mein letztes Domizil

Endlich gefunden habe

Beklemmend ist es nicht zu ahnen

Wieviel Zeit – wo wann und wie

Alte für das Sterben planen

Manchmal gehen Alte nie

Nun suche ich mir meinen letzten Platz im Leben

Vielleicht wird es auch zum Sterben ein Ort

Muss ich mit 70 denn noch alles geben

Und hetzen bis zum Schlussakkord

Es ist wie es ist - und alles ist gut

Mein Leben war oft schön wie ein Traum

Ohne Erwartung schenkte es mehr als genug

Unendliche Liebe in meinem "Lebens-Zeit-Raum"

Umzug ist ein Abenteuer

Planen – Messen – Organisieren

Es ist immer ein Spiel mit dem Feuer

Doch man kann dieses Spiel nicht verlieren

Irgendwann ist es vorbei

Leben im neuen Lebensbereich

Es wird Gewohnheit was vorher neu

Und Altes macht unsere Erinnerung reich

Es tränt das Auge – Abschiedsschmerz

Dinge die ewig halten - zum Müll

Unsicher pocht laut das Herz

Doch der Verstand will

Mit 70 im restlichen Leben erstarren

Meiner Seele ist angst und bange

Einige nennen mich den Narren

So viele Dinge im Gange

Die Verträge sind gemacht

Für die restlichen Lebensjahre

Hab ich auch alles gut durchgedacht

Damit ich die Chancen der Zukunft wahre

Wie werde ich mich fühlen

Im letzten Teil meines Lebens

Sitze ich dann zwischen den Stühlen

Und bereue ich es vielleicht zeitlebens

Du legst dich hin - willst Zärtlichkeit

Ich leg mich erst mal nur dazu

Du sagst mir: Ich bin bereit

Mach es mir - greif zu

Ich fang an - mit routiniertem Griff

Du atmest schwerer - und ich weiß

Später rollst du wie ein Schiff

Heureka – der Greis ist heiß

Seniorenstift "Zum Himmelreich"

So nennt man es heute das Altenheim

Die vergessenen Alten sind nicht alle gleich

Doch sie alle fühlen sich hier nicht daheim

Wichtige Dinge hört man täglich

Von Krankheiten und von den Enkeln

Die Karriere macht ihre Besuche unmöglich

Zitternde Hände liegen auf dürren Schenkeln

Fünf Jungs in einer kleinen Pinte

Erzählen sich viele alte Geschichten

Die Jungs – es sind wohl gleichgesinnte

Erzählen von sich - von Neffen und Nichten

Sie sehen sich so dann und wann

Und treffen sich schon wieder – bald

Dieselben Geschichten erzählen sie dann

Diese " Jungs " sind schon siebzig Jahre alt

Morgens setz ich mich erst aufs Bett

Bis dass der Schwindel schwindet

Unsicher weiter zum Klosett

Hoffnung die nie endet

Danach in die neue Senioren - Dusche

Mit Hocker Griff und Notrufknopf

Mittags esse ich Brei mit Muße

Abends ist mir wirr im Kopf

Früh erwache ich und klag nicht

Zitternde Hände ertasten die Brille

Wankende Schritte führen zum Bad mich

Keine Kraft mehr – mich hält nur der Wille

Meine Dusche erdrückt mich

Scheint mich fast zu entleiben

Ein schmerzloser Tag entzückt mich

Wie lang muss ich hier wohl noch bleiben

Angst vorm Alter hatte ich nie

Ich hatte Angst nicht alt zu werden

Mein Leben das weckt in mir Euphorie

Und ohne Euphorie beginne ich zu sterben

Ach wie gut dass keiner weiß

Und es muss auch niemand wissen

Ich bin ein Greis – ich bin ein Greis

Und die ganze Welt liegt mir zu Füßen

Manchmal quäle ich mein Hirn

Denn es erinnert sich nicht mehr

Es qualmt schon hinter meiner Stirn

Und immer bin ich enttäuscht hinterher

Manchmal quäle ich mein Hirn

Denn es löscht einiges nicht mehr

In Dauerschleifen hinter meiner Stirn

Laufen böse Geschichten und alte Mär

Ich plane keine Zukunft mehr

Ich veredele nur die Vergangenheit

Mit siebzig wird jede Zukunft schwer

Das glorreich Vergangene trete ich breit

Ich war der größte Superheld

Moralisch - mit reinem Gewissen

Und rettete häufig eure ganze Welt

Wir sollten wieder träumen lernen müssen

Bin ich wieder mal zu schwach

Zeig mir nur deinen jungen Körper

Schon werde ich ganz schnell hellwach

Alles an mir wird dann straff und härter

Mein Alter werde ich vergessen

Verlassen werde ich Zeit und Raum

Denn Wirklichkeit wirkt unangemessen

Und wir verschwinden in meinem Traum

In einer Residenz zu leben

Ist der letzte Schritt nach drüben

Man wartet jetzt auf das Lebensende

Und irgendwann ist dann "Ende Gelände"

Ist Betreuung erst die Regel

Schlägt man ein die ersten Nägel

Der Sargdeckel schließt langsam zu

Das Spiel heißt nun: "Und raus bist Du"

Habe ich an alles gedacht

Die Adressenänderungen gemacht

Hab ich den Nachsendeantrag gestellt

Und für den Umzugsunternehmer das Geld

Hab ich Strom Wasser und Gas abgelesen

Bin ich schon beim Meldeamt gewesen

Hab Telefon und TV umgemeldet

Nein – hab mich krankgemeldet

Die Zeit will ganz langsam nur verrinnen

Bis zum Umzug in mein neues Reich

Das neue Leben soll beginnen

Jetzt - sofort - gleich

Später denke ich vielleicht

Zurück an das vergangene Jahr

Und sage mir: Du hast viel erreicht

Viel mehr als für dich je vorgesehen war

Nein – ich war mir gar nicht sicher

Nein – ich wusste nicht was wird

Hoffte mir nichts sehnlicher

Dass ich mich nicht geirrt

Doch lief mein Umzug so wie geplant

Heute kommen Glücksgefühle auf

Schaue weit ins Münsterland

Freue mich täglich drauf

Alles vorbei – die Unsicherheit und die Panik

Angekommen in meiner ganz neuen Welt

Das Leben mit einer neuen Dynamik

Brust raus und stolz geschwellt

Gut geplant und richtig gemacht

Kritiker und Besserwisser ignoriert

Ich bin der letzte der am besten lacht

Und habe es gewusst - und mich nicht geirrt

Familie

und

Nachbarn

Manche Kerle träumen gerne

Ihrem großen Glück entgegen

Sie hoffen auf eine bessere Ferne

Und demütigen ihre Frauen deswegen

Zu feig um diesen Schritt zu wagen

"Hätte ich Geld wär ich längst weg"

Geht's dem Partner an den Kragen

Sie behandeln ihn wie Dreck

Freitag klingelte es an der Tür

Die Nachbarin beschimpfte mich rüde

Und bemängelte im Müll mein Altpapier

Ich entsorgte es nicht so wie sie es tun würde

Sie zeterte sehr niveaulos und laut

Und das alles wegen ein bisschen Papier

Ich denke dass sie mir nicht mehr vertraut

Doch liegt noch bei mir der Not-Schlüssel von ihr

Unverschämt und rücksichtslos

Sie schlug mich nieder mit Adjektiven

Ist es schon Demenz oder Dummheit bloß

Sie ist schon sehr alt - ohne Perspektiven

Ich gab den Schlüssel zurück zu ihr

Denn es ist ihr doch sicher peinlich - dann

Vielleicht Hilfe zu brauchen von einem wie mir

Der nicht mal die Papiertonne bedienen kann

Die boshafte und verbitterte alte Megäre

Die schon seit Jahren zetert und unkt

Findet viele Fehler auch imaginäre

Bosheit ist Lebensmittelpunkt

Jeder der nicht denkt wie sie

Wird jemals zu irgendetwas taugen

Ein Schandfleck ist er und ändert sich nie

Doch liegt der Schmutz tief in ihren Augen

Du bist "Trump" in deiner Welt

Säst Zwietracht - liebst den Hass

Du genießt was die Nachbarschaft quält

Das Unglück der Anderen bereitet dir Spaß

Du verdunkelst wo das Licht war

Häuser brennen - Trümmer rauchen

Im Kriegsfall - da bist du unverzichtbar

Im Friedensfall bist du nicht zu gebrauchen

Hallo meine schöne Nachbarin – ich mag dich

Wir reden und lachen und winken uns zu

Wir saßen zusammen – nachbarlich

Tranken Sekt und sagten "Du"

Täglich hoffe ich dich zu sehen

Ich träumte dass wir uns berühren

Doch irgendwann da wird es geschehen

Dann werden sich unsere Körper spüren

Ungeliebte Kinder haben nichts zu lachen

Ungeliebten Kindern fehlt Urvertrauen

Niemals werden sie erwachen

Ein Alptraum voller Grauen

Niemals leben sie ihr Leben

Sie können weinen oder schreien

Auch Glück wird es für sie nie geben

Ungeliebte Kinder sind ihr Leben lang allein

Sag mir - kann ich dich glücklich machen

Du sagst: Gib mir ein besseres Leben

Dann ließe ich es richtig krachen

Du kannst mir Freude geben

Ich sag: Gern teile ich wovon ich lebe

Und würd Dein Leben gerne ändern

Doch die Freude die ich gebe

Schenkst du den Kindern

Mitbewohner gibt es - die sich erdreisten

Mitbewohnern Vorschriften zu machen

Meinen - sie dürfen es sich leisten

Mitbewohner zu überwachen

Diese Anmaßungen mit denen sie glauben

Ihre Begrenzung als Norm zu sehen

Sollten wir ihnen nicht erlauben

WIR - können schon gehen

Manchmal suche ich den Grund

Es muss doch ein gravierender sein

Jahrzehnte glaubte ich alles läuft rund

Und plötzlich brach die Kommunikation ein

Keine Antwort und keine Grüße

Keine Reaktion auf meine Versuche

Wo sind die Gründe dafür dass ich büße

Ich gebe jetzt auf - ich beende die Suche

Manchmal rieche ich den Keller

Mit einem Schloss war er verriegelt

Kein Fenster machte die Zelle je heller

So ist es in meinem Bewusstsein versiegelt

Schläge gab es hier nicht mehr

Nur eine Seele hat man zerbrochen

Die Seele zu brechen ist nicht schwer

Und sie heilt so viel schwerer als ein Knochen

Eltern wollen perfekte Kinder

Verbieten heißt für SIE erziehen

Durch Strafe wird ein Kind zum Sünder

Doch EURE Kinder – habt IHR nur geliehen

Kinder brauchen Hilfe und Lob

Sonst bekommen sie Angst zu fehlen

Aber Fehler zu machen ist doch ihr Job

So werden sie Riesen – die kleinen Seelen

Früh erkannte ich das Monster

Es griff nach mir und quälte mich

Nicht schaurig so wie die Gespenster

Nein – verletzlich wie ein Messerstich

Zu viele die als Opfer starben

So als wär jedes Jahr Hiroshima

Das Monster hinterlässt viele Narben

"F A M I L I E" heißt es - wie die Mafia

Wir haben oft miteinander gesprochen

Über so viele und verrückte Sachen

Haben uns häufig widersprochen

Wir wollten es besser machen

Doch wenn wir heute reden

Dann bin ich ziemlich verstört

Ich habe gelernt in meinem Leben

Hast du mir niemals wirklich zugehört

Wie lange bin ich Kind

Wie lange darf ich spielen

Die Zeit in der wir Kinder sind

Die wird doch jeder anders fühlen

Ach mein kleiner Held

Mutti schenkt dir Sachen

Die Kinder aus der dritten Welt

In IHREM Kinderleben machen

Kleines dummes Kindlein

Du willst die anderen verachten

Auf was bildest du dir denn etwas ein

Die Dinge sind nie einseitig zu betrachten

Du redest von der Farbe so wie ein Blinder

Und so wie ein Fisch von unseren Wäldern

Eltern haben kein Recht auf perfekte Kinder

Und Kinder kein Recht auf perfekte Eltern

Plötzlich habe ich wieder Familie

Und ich höre fast jeden Tag von ihr

Liegt das vielleicht an meiner Immobilie

Oder erwacht plötzlich eine Liebe zu mir

Mein Traumhaus vermache ich dir

Doch Teil deines Lebens war ich nie

Morgen gehört mein Haus nicht mehr mir

Tilly hätte es so gewollt – ich tu es für sie

Frau Manuela Mäuse - Menge

Ist etwas schlichter von Verstand

Sie regelt hier im Hause die Dinge

Und wirkt dadurch klüger und relevant

Sie überwacht sogar den Müll

Wer nicht folgt den herrscht sie an

Sie plappert viel und wird erst still

Wenn man Dummheit endlich sehen kann

Mütter - die nur das Beste wollen

Und es auch für die Kinder sollen

Werden Töchter die gebären

Nie als Mütter akzeptieren

Niemals gibt es den Moment

Der richtig ist fürs Kindes-Kind

Es ist zu spät oder es ist zu früh

Perfekt wie deine Mutter wirst du nie

Leben

und

Sterben

Unwiederbringlich ist Dein vergangenes Jahr

Eindrücke und Routinen – Freude und Angst

Unwiederbringlich – was immer auch war

Und ganz egal wem Du es verdankst

Bleib neugierig und sei für alles bereit

Vertrau Deinen Augen und Deinen Händen

Es wird alles gut in der nun kommenden Zeit

Dein Verstand kann all Deine Träume vollenden

Das Leben geht manchmal seltsame Wege

Kein Mensch der sie je erahnen kann

Denn klipp und klar werden Belege

Erst im Nachhinein zum Plan

Vom Stamm zum Blatt da verzweifelt man

Tausend Wege sind ganz fein versponnen

Aus Richtung Blatt erkennt man dann

Es konnte nicht anders kommen

Ich denke an Geschenke

Wenn ich an Kinder denke

Es hilft ein Testament vielleicht

Wenn eines nicht dem anderen gleicht

Willst du Freude spenden

Gib ihnen mit warmen Händen

Manchen Kindern reicht das nicht

Dann töte SIE – sonst töten sie DICH

Die Lebensuhr läuft in ihrem Sinne

Immerzu in meine Zukunft nur

Was wär wenn es mal ginge

Liefe sie zurück die Uhr

Nähm ich die Chance wahr

Würde ich wagen diesen Blick

Sähe ich manche Dinge dann klar

Und - wie weit ginge ich wohl zurück

Du forderst mich die ganze Nacht

Mit nur kleinen Erholungspausen

Du alleine hast die Macht

Eine Macht mit Grausen

Ich spür dich mehr als ich dich sehe

Du kommst mit List und Tücke

Bis ich dann verzweifelt flehe

Nimm mich - kleine Mücke

Alt bin ich - hab alles erlebt

Ein Leben wie ein Geschenkpacket

Drum bin ich ruhig und leb in Frieden

Der Rest ist Ableben mit viel Vergnügen

Begnügen wir uns mit dem was möglich

Mühen uns ums Überleben – täglich

Wird das was wir vor uns haben

Vor dem Ableben begraben

Manche reden niemals vom Ende des Lebens

Sie leben als wäre es ewig - vergebens

Irgendwann ist es dann plötzlich da

Du als Mittelpunkt – Superstar

Ich glaub nicht an ewiges Leben

Träume auch nicht vom Garten Eden

Doch Hoffnung macht es denk ich bei mir

Nach mir stirbt keiner – alle sterben vor mir

Ihr glaubt - dass ihr nicht sicher seid

Und darum wollt ihr nichts riskieren

Ihr sorgt euch um die Sicherheit

Und habt nichts zu verlieren

Ein Leben in Uniformität

Ist vielleicht ein leichtes Los

Schwer das Bereuen im Sterbebett

Ach - hätte ich doch - oh - hätte ich bloß

Als Kind hoffte ich in meinen Träumen

Ein toter Erbonkel macht mich reich

Die Träume wuchsen auf Bäumen

Alle Wünsche auf einen Streich

Heute denke ich daran zurück

Es waren nur Träume - und doch

Manchmal spielte das Leben verrückt

Heut bin ICH Erbonkel – und lebe noch

Heute denke ich an einen Jungen

Wir gingen lange zusammen zur Schule

Wir haben viel Eis und Wissen verschlungen

Ich war der Schüchterne und er war der Coole

Gestern plötzlich da sah ich ihn

Er sah mich nicht – er war betrunken

Er saß zwischen Bierdosen und seinem Urin

Es schien mir als sei er aus dem Leben gesunken

Geboren bei Adenauer und Heuss

Politisiert mit Brandt gegen Strauss

Mit Schmidt die Weltkrisen geschultert

Mit Kohl durch die Weltpolitik gestolpert

Ganz nebenbei die DDR kassiert

Mit "Rot/Grün" ist Hartz IV passiert

Mein Land tat manchmal furchtbar weh

Trotz allem – ich bleibe ein Kind der BRD

Wieder blitzen blaue Lichter

Am Rettungswagen vor dem Haus

Konzentrierte und wache Gesichter

Nachts bringen sie einen Mann heraus

Eine Frau hält seine Hand

Sie tröstet ihn mit Rat und Tat

Ihr Blick und die Haltung angespannt

Sie spürt es wohl auch: Sein Ende naht

Ihr wollt totale Sicherheit

Sicher sein dass ihr sicher seid

Nur damit wir dann vorm Sterben

Das Leben nicht mehr erleben werden

Wollt nie Ungewissheit mehr

Nur weiter so Leben wie bisher

Kein Risiko und auch kein Abenteuer

Ein Leben fast so wie ein Wiederkäuer

Einiges bilde ich mir ein

Und manches wird zur Realität

Träume können Wirklichkeit sein

Und Realität die zum Albtraum gerät

Nur eins ist unabänderlich

Zeit schreitet nach vorne nur

Für alle gleich - für Dich und mich

Ich hör sie ticken – die biologische Uhr

Ich träumte - heute es sei schon morgen

Es war ein Horror was ich da sah

Ich machte mir sehr große Sorgen

War mein Ende schon so nah

Fühl wie ich im Tode zitter

Der Körper alt und kalt geworden

Und nach dem Alptraum wird es bitter

Ich bin erwacht - ich warte auf morgen

Ich tat einige gute Dinge

Helfen - trösten – und beraten

Doch wollte es mir niemals gelingen

Zu reifen und wachsen an meinen Taten

So manche Dinge bereue ich

Es soll die guten nicht schmälern

Doch diese Ereignisse prägten mich

Ich bin die Summe aus meinen Fehlern

Gerade stelle ich mir vor

Was würde bleiben wenn ich geh

Bliebe vielleicht Phantasie und Humor

Oder tat ich zu vielen Menschen zu weh

Bliebe etwas von meiner Moral

Oder war ich nur eine Bagatelle

Bin ich danach etwa den Anderen egal

Vielleicht bleibt von mir nur das Materielle

Erinnerungen schlagen zurück

Häufig sind die Erinnerungen schön

Doch meine überfallen mich hinterrücks

Der Atem stockt - das Herz bleibt stehen

Wie ein Dolch in meinem Herzen

Zerrt Vergangenheit an der Existenz

Bedrohliche Ängste und Seelenschmerzen

Dann atme ich weiter und bin wieder Mensch

Manchmal strahle ich mich an

So sehr bin ich mit mir zufrieden

Ich lasse nichts Böses an mich heran

Manchmal würde selbst Gott mich lieben

Manchmal bin ich ein Ekelpaket

Und dulde keinen in meinem Revier

Ganz egal wie man es wendet und dreht

Manchmal hat Satan seine Freude an mir

Ich liebe das Gefühl - reich zu sein

Doch war es nicht mein Lebensziel

Mehr als genug für mich allein

Moralisch ist es viel zu viel

Nichts soll in Banken liegen

Nein – es soll wirken wo es kann

Und soll helfen das Leben zu lieben

Spaß soll es bringen – dann und wann

Täglich beginnt die Euphorie

Meistens abends - so gegen Acht

Woran dies liegt das verstand ich nie

Über diese Fragen hab ich meist gelacht

Du sagst es liegt am Sprit

Du appellierst an mein Gewissen

Aber soll ich mit 70 aufhören damit

Nur um dann so wie Du leben zu müssen

Ein Mensch nicht alt und selten krank

Setzt sich im Park auf eine Bank

Doch als er weiter gehen will

Stand sein Herz ganz still

Die Moral von der Geschicht

Ob jung ob alt hat kein Gewicht

Dein Herz entscheidet irgendwann:

"Ich bleibe stehen – weil ich es kann"

Ich denke sehr oft an MEINE Orte

Melbourne: Einen Traum hab ich gesehen

Brilon: Als Kind die ersten liebenden Worte

Lippstadt: Ich fing an die Liebe zu verstehen

Grödnertal: Die Lebensfreude liebte mich pur

Celle: Hier hörte mein Antrag sein "Ja"

Paris: Meine Vorstellung von Kultur

Münster: Im Herzen überall da

155

In meinen Welten bin ich ein Wanderer

Da bin ich immer auch ein anderer

Töte ich einen von uns beiden

Werd ich darunter leiden

Tötet mich das zweite Ich

Einstimmig würde es für mich

Kämpfe würd es nicht mehr geben

Doch fehlte mir dann ein halbes Leben

Heute Morgen wurde ich wach

Der letzte Traum hallte noch nach

Es war der Traum von DEINEM Leben

Doch DEIN Leben durfte es nicht gegeben

Ich war jung und war so dumm

Probierte mich aus und machte rum

Ich weiß noch Uhrzeit - Jahr und Tag

Als DU in Holland bliebst - für 800 Mark

Ein Leben lang im Ruhestand

Was Arbeit ist das weiß ich nicht

Ein Leben so wie im Schlaraffenland

Niemals in Geldnot und nie in der Pflicht

Auch die Liebe liebte mich

Gab mir mehr als ich je kannte

An einen Gott glaub ich zwar nicht

Doch im Paradies bin ICH die Konstante

Ich hab mit dir gelacht heut Nacht

Ein Traum hat's gut mit mir gemeint

Bin viel zu früh heut Nacht erwacht

Und habe meine Kissen nass geweint

Dich jung und unversehrt zu spüren

Es nur kurz zu fühlen - unser Glück

Schön war's uns wieder zu berühren

Warum nur muss ich wieder zurück

Dreckig war mein neues Messer

Doch reinigen will mir nicht gelingen

Auch schleifen machte es nicht besser

Es blieb schmutziger Stahl aus Solingen

Eigentlich müsste ich es besser wissen

Wie säubert man ein Messer vom Blut

Ich werd es wohl ersetzen müssen

Es steckte zu lange in Ruth

Es will ein Mensch auf eigene Weise

Vor seiner letzten großen Reise

Dinge regeln – die noch offen

Um auf gute Fahrt zu hoffen

So regelt er was nötig ist

Macht - bevor er sich verpisst

Noch mal eben auf die Schnelle

Sein Testament - und fährt zur Hölle

Ich suche nach einer heilen Welt

Im Traum habe ich sie gesehen

Die Welt wie sie mir gefällt

Ich würd so gerne gehen

Dann spür ich sie in mir - die Wut

Und meine Chancen schwinden

Ich denke - ich bin zu kaputt

Ich werde sie nie finden

Es kriegt der kleine Theobald

Ein neues Fahrrad - mit Garantie

Theobald fährt durch Stadt und Wald

Denn fährt man Rad - verlernt man es nie

Theobald lernt mit Genuss

Wie man es als Kind halt lernt

Ein winziger Stoß - vom großen Bus

Hat das irdische Leben aus Theo entfernt

Manche schleichen sich in dein Leben

Und glauben dass sie Rechte haben

Um deinem Leben Sinn zu geben

Hätten sie für dich das Sagen

Sie halten es für gutes Recht

Weil sie doch dein Bestes wollen

Dir zu sagen was ist gut und schlecht

Willst du ihnen keine Dankbarkeit zollen

Wie bin ich wenn ich 80 bin

Bin ich noch gesund und munter

Habe ich Freude am Leben im Sinn

Oder ziehe ich andere Menschen runter

Brauche ich einen Rollator

Oder bin ich gefesselt ans Bett

Trifft mich noch ein Pfeil von Amor

Und ist mein Leben zu mir weiter nett

Menschen können sich ändern – ich nicht

Ich will das Beste - und zwar sofort

Mein Glück macht dich unglücklich

Dein Glück ist nur ein Wort

Ging es mir schlecht – fändest du andere

Die Schuld an deinem Unglück tragen

Dein Leben ist ein Gejammere

Dein Glück heißt Klagen

Wer anderen eine Grube gräbt

Ist wohl ein Grubengräber

Hat er wen hineingelegt

Ist er Totengräber

Sind die Preise höher

Und er ein bisschen stiller

Ist die Methode etwas gröber

Dann ist er wohl ein Mafia-Killer

Manchmal ist mir schwindelig

Ich setze mich sonst fall ich hin

Und dann frag ich: "Wer findet mich

Noch ehe ich ein stinkender Kadaver bin"

Treibe ich schon Personenkult

Ist das nun der Anfang vom Ende

Brauche ich Ärzte oder etwas Geduld

Ist dies vielleicht schon die Zeitenwende

Morgen werde ich sediert

Leben – etwas zu nah am Tod

Niemand weiß wie das enden wird

Generationen entschliefen ohne Not

Hoffe dass ich schlafe

Oder ist dieser "Kleine Tod"

Etwa schon die gerechte Strafe

Für Leben ohne Arbeit Angst und Not

Du fühltest dich als Tänzerin

Obwohl du keinen Rhythmus spürtest

Und Taktgefühl war noch nie dein Ding

Ein Leben geträumt – das du nie führtest

Heut sitzt du in einer Bar

Und erzählst bei Wodka und Gin

Wie schön dein Leben früher mal war

Als berühmte und bewunderte Tänzerin

Auch heute noch mit siebzig Jahren

Bist du bei jedem Wort an dich

Im Abwehrmodus festgefahren

Ohne Angriff wehrst du dich

Jeder der mal mit dir sprach

In deinen vielen Lebensjahren

Nimmt sich jetzt vor dir in Acht

Und hat dir heut nichts mehr sagen

Alles hab ich geschafft

Selten tat ich was ich sollte

Ich habe manchmal nichts gerafft

Nie wusste ich - was ich wirklich wollte

Geben Götter ihre Zeichen

Ich fühl mich wie im Garten Eden

Stellen sie für mich die Weichen

Als würde ich wie auf Schienen leben

Gerade fällt mir ein

Es wäre nicht schlecht

Wenn das Leben und Sein

Schon bald zu Ende sein möcht

Ich spüre seit Tagen

So stechende Schmerzen

Und nach 70 schönen Jahren

Eine tiefe Erschöpfung im Herzen

Sie hat sich verändert deine kleine Welt

Du kannst nicht mehr so weiter leben

Und auch wenn es dir nicht gefällt

Das Leben hat Zeichen gegeben

Trotzdem lebst du wie bisher

Und tust so als wär das alles egal

An Später zu denken fällt dir schwer

Doch nur heute hast du noch eine Wahl

Sag - warum veränderst du dein Leben

Es hat dir doch viel Gutes gegeben

Die Frage macht mich ärgerlich

Dir gefällt die Antwort nicht

Ich will nicht immer nur weiter leben

Bis zum Ende absehbar und eben

Dann den Deckel drauf und zu

Ich will nicht enden wie DU

Hinterbliebene schreiben Todesanzeigen

Und sie lügen - und sie verdrehen

Böses wollen sie verschweigen

Nur Gutes soll man sehen

Ich habe dies geändert

Um Lobeshymnen mir zu sparen

Und mein Frust wird auch gelindert

Meine Anzeige die schrieb ich vor Jahren

Sterben ist kein Beinbruch

Ein Freund fragte mich: Was tust du so
Ich sagte zu ihm: Nichts - nur leben
Jaja - meinte er zu mir - sowieso
Was ist im Leben dein Streben
Ich dachte nach: Ich strebe nicht mehr
Ich hatte doch schon alles im Leben
Ich lebe nur - es gefällt mir sehr
Es hat mir das Beste gegeben

Dallo

mit unendlicher liebe für meine TILLY und:

alan annie astrid bennat brigitte christine
charly dieter.b. dieter.r. doug egon eva frieda
gaby hardy hartmut heike helga.b. jan kalle
karen lynette maria mary marion marianne
michel natka patka patrick pätschi petra
reinhold rudi sabinsabin susan thomas willy
. . und die vielen unersetzlichen anderen . .

Ray
Dallo
Reinhold
Tebtmann

* 26. 11. 1949
+ 26. 11. 2049

177

Die Lebensuhr läuft in ihrem Sinne

Immerzu in unsere Zukunft nur

Was wär wenn es einmal ginge

Liefe sie zurück die Uhr

Nähme ich die Chance war

Würde ich wagen diesen Blick

Sähe ich manche Dinge dann klar

Und - wie weit ginge ich wohl zurück

Liebe

und

Hass

Die Kindheit beschissen

Doch die Jugend wunderschön

Meine große Liebe aufgerissen

Und ihrem Tod in die Augen gesehen

Hab materiell nie gelitten

Und war bei allem vorn dabei

Hab geliebt - gelacht - gestritten

Bin alt und reich und gesund und frei

Der Mensch - den du über alles liebst

Ohne den es für dich kein Leben gibt

Du weißt er liebt genau wie du

Perfekte Liebe geradezu

Wenn dieser Mensch zu sterben fleht

Sieht er dich an und man versteht

Wenn du ihm dann behilflich bist

Dann weißt du was Liebe ist

Es gibt nichts zu bereden

Nie gab es zwischen uns Begehren

Das mit dir - war nie MEIN Leben

Es gibt auch gar nichts mehr zu klären

Es war eine sehr kurze Ehe

Und Liebe – die war nie dabei

Egal - wie ich es wende und drehe

Heut - gehst du mir am Arsch vorbei

Komm mir bitte nicht zu nah

Du weißt doch - ich bin unnahbar

Kommst Du zu nah an meinen Körper

Dann hau ich dich – denn ich bin stärker

Nie werd ich dich verführen

Zwingst du mich dich zu berühren

Dann wehr ich mich ganz fürchterlich

Gib auf dich acht – sonst töte ich dich

Manchmal weiß ich dass ich nur träume

Dann träum ich ganz bewusst von dir

Lass meinen Träumen ihre Räume

Lass alles zu mit dir und mir

Und wenn ich danach erwache

In dem feucht durchwühlten Bett

Dann frage ich was zu dieser Sache

Heut wohl "#Me Too" zu sagen hätt

Täglich erwache ich aus der nächtlichen Ruhe

Und täglich weiß ich was ich täglich tue

Duschen – essen – lesen und schreiben

Routine hilft dem Leben zu bleiben

Ich rede mit Leuten – wenn es geht mit netten

Es gibt viel zu viel Hass in unseren Städten

Nachbarn und Freunde verlieren ihr Maß

Wie ein Joch spüre ich den Hass

Ich wurde beschenkt - mein Leben lang

Mit Sex - mit Liebe - mit Vertrauen

Niemals wurde mir um mich bang

Ich liebte Männer und Frauen

Niemals bereute ich im Leben

Und nie fühlte ich schuldig mich

Anders Leben war nie mein Streben

Mein Leben ruht auch heut noch in sich

Ich möchte nur noch träumen

In dieser Zeit voll Hass und Neid

Und einfach die Realitäten versäumen

Träume sind schöner als die Wirklichkeit

Ansichten die wie Messer töten

Sie lassen nur noch das Eigene gelten

In Kriegen töten wir Greise und Föten

In meinen Träumen gibt es bessere Welten

Nach Jahren wollen wir es wieder wagen

Für einige Stunden kommst Du zu mir

Wir haben uns nicht viel zu sagen

Doch Alkohol hilft mir und Dir

Wir erahnen wie das endet

Das zu erraten ist nicht schwer

Es gibt den Punkt wo sich alles wendet

Dann fallen die Körper übereinander her

An vielen Orten liebte ich

Nicht nur im Auto oder Bett

Auch im Büro und auf dem Strich

Auf einem Stausee und in einem Jet

Sicher ist - ob im Kasino

Ob im Zug ob auf dem Campus

Auf dem Balkon - am Strand - im Kino

Erst komme ich – und dann der Schampus

Es ist ein Traum

Und ein großes Glück

Erst glaubt man es kaum

Doch dann lächelt sie zurück

Angst und Misstrauen sagen: „Nein

Sie kann dich nicht lieben – nicht sie"

Und dieser Gedanke brennt sich tief ein

Von einer Liebe mit 17 erholt man sich nie

Der Penis des Mannes

Charakteristisch fast gleich

Es unterscheidet der "Johannes"

Sich von Mann zu Mann nur leicht

Die Vaginen der Frauen

Sie lächeln facettenreich

Und laden ein - voll Vertrauen

Nie ist die eine der anderen gleich

Ich denke gerne an die Liebe

Gefühle die riechen und schmecken

Damals befriedigten wir unsere Triebe

Lutschen und Fühlen - Riechen und Lecken

Nichts war ekelig oder peinlich

Kein Tabu und auch keine Grenzen

Heut ist das vorüber - augenscheinlich

Das geht leider nur mit jungen Menschen

Dein Rat erschlägt mich

Jeden Tag wieder aufs Neue

Auch deine Fürsorge begräbt mich

Hartnäckigkeit hältst du wohl für Treue

Ich ertrage deine Liebe

Und auch deine dummen Allüren

Ich weiß aber dass ich niemals bliebe

Würd ich Gefühle bei einer anderen spüren

Ein jeder sucht sich hier sein Leben

Sucht nach Erfolg und nach Glück

Mancher hat so viel zu geben

Und bekommt niemals zurück

Dem tischt man die Lüge auf

Glücklicher macht es zu Geben

Die Erfahrung sagt: Scheiß darauf

Liebe nehmen macht glücklich im Leben

Wir treffen uns - Du - dein Hund - und ich

Ich liebe dein strahlendes Lächeln

Witz und Charme betören mich

Und des Hundes Hecheln

Funkelnde braune Augen

Eine Figur die Träume weckt

Vergleiche die nie wirklich taugen

Wär dein Hund eine Katze wär es perfekt

Du hast nie – ich musste immer

Du hast immer – und ich durfte nie

So hör ich es – und oft noch schlimmer

Behauptungen werden schnell zum Alibi

Du streitest immer - ich lüge nie

So werden wir alle weiter verlieren

Nie ging es um die Sache – irgendwie...

... ging es doch nur ums Dominieren

Du hast sie früher mal geliebt

Heute weißt Du nicht mehr warum

Was - wenn auch die neue Liebe trügt

Du gehst unmenschlich mit Menschen um

Neues Glück mit dem alten bezahlt

Und du hast ihre Ohnmacht genossen

Du wurdest zum Helden in Clownsgestalt

Schuldig - und nicht eine Träne vergossen

Wenn ich heut zu dir gehe

Und dich in deinem Bette sehe

Gönne ich von meinem Körper - dir

Das Teil – das sich noch dehnt von mir

Wenn ich dich später dann verlasse

Und deinem Mann dich überlasse

Rechne ich ihm dankbar an

Dass er nicht kann

Damals mit Moni - ich erinnre mich gern

Wir waren zusammen ein Vierteljahr

Zwei Körper wurden ein Stern

Zwei Menschen ein Paar

Dann sagtest du: "Wir kriegen ein Kind"

Vertrauen wurde plötzlich zur Parodie

Ein Betrug der nur nicht gelingt

Wegen meiner Vasektomie

Wie ich wärst auch Du heut 70 Jahre alt

Doch ich sehe nur Dein junges Gesicht

Deine zur Liebe reizenden Gestalt

Anders als ich alterst Du nicht

Wären wir heut noch zusammen

Oder hätten wir einander verlassen

Benutzten wir noch unsere Kosenamen

Oder schlimmer – würden wir uns hassen

Wir landeten versehentlich in einer Ehe

Wir liebten uns nie - von Anfang an

Körper helfen nicht der Seele

Gescheitert ehe es begann

Später - als deine Freundin meine wurde

Hast du sie mit bösem Brief verlassen

Freundschaft unter deiner Würde

Du wolltest nur noch hassen

Dein Mann hat Erfolg und er ist reich

Trotzdem kommst du gern bei mir

Du spürst den Erfolg gleich

Ich komme nach dir

Es ist kaum zu glauben

Dein Atem geht noch schwer

Ich sehe deine funkelnden Augen

Nur dein Mann - der schaut nicht mehr

Hallo meine süße Kleine

Heute Nacht bist du die meine

Wenn du sagst: Ich lieb dich nicht

Dann glaube mir – dann schlag ich dich

Nein - niemals könnt ich es ertragen

Solltest du NEIN zu mir mal sagen

Dann werd ich zum Erpresser

Ich kann es nicht besser

Mit dir erlebe ich Abenteuer

Du bist Jane und ich mach Feuer

Wir sammeln Früchte Obst und Nüsse

Ein Kampf gegen Bären und Samenergüsse

Nie wollte ich Kinder mit dir

Und plante kein gemeinsames WIR

Wir reiten zusammen ohne Verpflichtung

Du kennst den Weg - ich leb deine Richtung

Ganz plötzlich war meine Liebe fort

Als hätte es Liebe niemals gegeben

Sie verschwand ohne ein Wort

Für immer aus dem Leben

Wo ist die Liebe geblieben

Warum wird die Suche zur Qual

Viele Körper versuchte ich zu lieben

Doch Liebe fand ich nur ein einziges Mal

In meinem Traum habe ich heut Nacht

Ganz intensiv nur an dich gedacht

Als ich danach aufgewacht

Hatten wir's gemacht

Dann sah ich bei Licht

Ganz verwundert auf dich

Und plötzlich da erkannte ich

In meinem Traum das warst du nicht

Das Leben ist so leicht

Wenn man die Feinde kennt

Wenn man Frieden nicht erreicht

Hilft es wenn man mit ihnen pennt

Wir wollen nicht verlieren

Doch erfahren wir am Ende

Wenn wir nicht mehr kopulieren

Dann werden wir wieder Feinde

Manchmal träum ich von der guten alten Zeit

Von Ferien im katholischen Kinderheim

Mit einem Schild der Geistlichkeit

Da stand: Ich bin ein Schwein

Ich hab nach Kotze gerochen

In der Ecke die Hände voll Schleim

Auch andere hatten Essen erbrochen

Ich erbrach es zweimal – Strafe muss sein

Ob Lügner oder Besserwisser

Fake-News und Verschwörungswahn

In Hohlkörpern denkt es sich viel besser

Und Tatsachen passen da nicht in den Kram

Geifernd wie von Satan besessen

Hört man ihr teuflisches Gekreische

Wahrheiten verändern sich nach Ermessen

Ich hasse Dummheiten und Nazi - Scheiße

Für die - die ich liebe

Und den Einen den ich hasse

Mir ist so viel an Liebe geblieben

Dass ich heute meinen Hass verlasse

Heut will ich dir verzeihen

Und werde den Hass entsorgen

Der Hass zerfrisst meine Innereien

Ich verzeihe und ich hoffe auf Morgen

Dies

und

Das

Manchmal fällt mir etwas ein

Dann überlege ich wie ich es sage

Formuliere im Geiste logisch und fein

Denn damit bleibe ich der Herr der Lage

So nehme ich es mir immer vor

Kommunikation hat sehr hohen Wert

Reden ist Gold – wenn wir denken zuvor

Doch meist - da passiert es mir umgekehrt

Nach 54 Abo - Jahren

Hab ich der Droge Informie

Heute im Kündigungsverfahren

Gekündigt – und bin mit 70 clean

Bin nun befreit von allem Wissen

Das mich bis heut im Leben hält

Freiheit werde ich genießen

Leben ohne SPIEGEL zählt

Vor fünfzehn Jahren kaufte ich mir ein Heim

Man lachte: "Du hast ja nicht mal Erben"

"Mieten sind teurer" so wandte ich ein

Und begründete mein Erwerben

Heute verkaufe ich mein zu Haus

Für mich ist es gut und auch von Belang

Der Wert stieg bis heute - Applaus-Applaus

Während ich günstig wohnte auf das 3-fache an

Ich höre Zoo-Direktoren

Und plötzlich wird mir speiübel

Worthülsen treffen auf meine Ohren

Arterhaltung macht jeden Zoo plausibel

Ausgewildert aus einem Zoo

Der sichere Tod statt happy end

Sowas endet im tierischen Waterloo

Tiere im Zoo leben wie Elvis in Graceland

Geträumt hab ich in jungen Jahren

Und schrieb Texte die anstößig waren

Hoffte junge Künstler verstünden meine Wut

Zu singen was ich dachte fand ich ziemlich gut

Böse sind manche meiner Texte

Einige hassen mich und mein Gekleckse

Ich bereue nur Eines mit meinen 70 Jahren

Gern hätt ich mit Musikern gespielt die mutig waren

Klebezettel auf den Bildern

Mein Eigentum im Schlussverkauf

Und an den Schränken Namensschilder

Wohin ich auch schaue - Zettel sind drauf

Schwankungen von Gefühlen

Von Melancholie bis zur Euphorie

Schwere Gefühle die im Inneren wühlen

Ich fahr zur Hölle mit dieser Schizophrenie

Ich öffne eine neue Tür

Das allererste Mal im Leben

Ich trete ein und steh im Flur

In meinem neuen Heim seit eben

Küche - Bad - Balkon und Zimmer

Auf einhundert Metern im Quadrat

Ich leb nun hier - ab heut für immer

Wird es lebenswert - ? – oder wird es fad

Gerührt oder geschüttelt

Erwürgt oder zerstückelt

Geführt oder verschüttet

Gespürt oder verhütet

Entführt oder gewütet

Verschnürt oder behütet

Verführt oder vergütet

Berührt oder zerrüttet

Manchmal da finde ich Menschen nett

Die dumm sind – so wie ein Brikett

Dann denk ich mit diesen Menschen

Kommst du nie an Grenzen

Ich erkannte irgendwann

Ich bin auch ein dummer Mann

Mein eigenes Wissen ist jämmerlich

Rosi vom Strich weiß viel mehr als ich

Ich sehe die Fratzen auf unseren Straßen

Im Gleichschritt hört man wieder "Heil"

Andersdenkende sollen wir hassen

Ein wutentbranntes Vorurteil

Heute geht es nicht um Mengen

Es geht um Qualität und Empathie

Wir tun nicht das - was wir tun können

Riskieren wir etwas mehr für die Demokratie

Als Kind glaubte ich in meinen Träumen

Ein toter Erbonkel macht mich reich

Meine Träume wuchsen auf Bäumen

Alle Wünsche auf einen Streich

Heute denke ich daran zurück

Es waren nur Träume - und doch

Manchmal spielt unser Leben verrückt

Heute bin ICH Erbonkel - und lebe noch

Manchmal denk ich beim Chatten

Einige Beiträge so könnte ich wetten

Lässt man von einem Computer schreiben

Oder Kinder dürfen sich die Zeit vertreiben

Dann staune ich beim Schauen

Und wende mich dann ab mit Grauen

Man sagt: "Es gibt keine dummen Fragen"

Doch manchmal schweig ich um sie zu ertragen

Es ist nicht zu spät: Wehret den Anfängen

Sie töten mit Worten im Parlament

Gewaltbereit in Schlachtgesängen

Morden wird zum Argument

Macht AfD zum Vogelschiss

Nur eines gilt: WIR sind das Volk

Das Volk ist bunt - das ist gewiss

Braun ist keine Farbe - und kein Erfolg

Zum Stöhnen haben wir uns gebracht

Erstaunlich mit wieviel Energie

Gestern mitten in der Nacht

So intensiv wie vorher nie

Erhitzte Körper in Schweiß gebadet

Wir strahlten beide um die Wette

Kenner lobten nur: Begnadet

Endlich klebte die Tapete

Nahrung die durch die Magensäfte

Darm und Blase bedienen möchte

Blut das heiß in Lenden fließt

Körperflüssig sich ergießt

Und Sinne – die das Leben spüren

Streiten und auch philosophieren

Ob peinliche oder angenehme

Funktionierende Systeme

Ich hab den Speisenplan vergessen

Was gibt es heute wohl zu essen

Vielleicht nur ein Ersatzgericht

Innereien mag ich nicht

Ein Feinschmecker war ich noch nie

Kein "Haute Cuisine" mit viel Chichi

Eintopf ist mein großes Laster

Und "Tris di Pasta"

"Lindenstraße" ist nun Legende

Viele lebten da seit fünfundachtzig

Für Manche ist jetzt das Leben zu Ende

Für Süchtige vorher schon - mutmaßlich

Wird man klüger oder dümmer

Wird man jetzt vielleicht vernünftig

Und gibt es ein Leben nach der Nummer:

Eintausend siebenhundert achtundfünfzig

An manchen Tagen ist mir alles möglich

Ich strotze vor Energie und Mut

Kreativ bin ich fast täglich

Diese Tage sind gut

Doch gibt es auch die Tage die ich hasse

Alles ist schwer - auch die Glieder

Egal was ich tue oder lasse

Ich bin mir zuwider

Ich liebe meine Feiertage

Nichtraucher bin ich nun 45 Jahr

Meine Bücher und CDs feiern Jahrestage

Meine große Liebe wurde vor 40 Jahren wahr

Doch gibt es auch Gedenktage

An denen die Besten gehen müssen

Plötzlich steht eigenes Leben in Frage

Und es hilft weder Glauben noch Wissen

Wenn ein Tag jedem anderen gleicht

Und ich damit auch zufrieden bin

Sagen sie dass das nicht reicht

Ich würde leben ohne Sinn

Frag ich sie nach IHREM Sinn

Hör ich wie sie mich verfluchen

Schlussendlich liegt ihr Sinn darin

In IHREM Leben den Sinn zu suchen

Ein Mensch der heimlich - still und leise

In einem Fahrstuhl steht und wartet

Dass sein Duft auf seine Weise

Aus seinem Körper startet

Der will andere schockieren

Hofft es möge ihm auch glücken

Sich nicht so furchtbar zu blamieren

Und dass kein Land sich löst beim Drücken

Auf meiner Terrasse stinkt es schwer

Nach Sonnenmilch und Schweißverkehr

Ich sehe sie auf dem Fahrrad sitzen

Mit Mengen um die Wette schwitzen

Ob schlank - ob fett – ob jung - ob alt

Des Radlers Mode kennt kein HALT

Mit Kindern die sich nicht benehmen

Und jedem frech die Vorfahrt nehmen

Ich steige erst morgen auf mein Rad

Morgen ist es frei - und kein Vatertag

Bei 25° im Schatten

Und einer kühlenden Brise

Werdet ihr mir wohl gestatten

Dass ich mein Leben hier genieße

Und stört es euch nicht

Wenn ich es krachen lasse

Dann esse ich mein Leibgericht

Sekt mit Spagetti auf der Terrasse

Champagner prickelnd in der Linken

Den Kugelschreiber in der Rechten

Erfolgsaussichten die mir zuwinken

Und die befriedigt werden möchten

Darum schreibe ich den ganzen Tag

Weil ich nichts kann als schreiben

Und weil ich die Befriedigung mag

Man sagt: Wer schreibt kann bleiben

Viele denken hin und her

Überlegen alles gewissenhaft

Sie denken "Mainstream" oder "Quer"

Entscheidungen sind für sie Wissenschaft

Für manche gibt es nur die Qual der Wahl

Sie scheitern an "Falsch" und "Richtig"

Doch wie man entscheidet ist egal

"Dass" man es tut ist wichtig

Oft hab ich es erlebt

Und ja - es war verlogen

Du fragtest wie es mir geht

"Gut" sagte ich - gut erzogen

Ich fragte zurück aus Höflichkeit

Und hörte wehleidiges Klagen

Zu schade für meine Zeit

Man sollte nie fragen

"Wer schweigt stimmt zu"

Die Mehrheit hat geschwiegen

Doch wer redet bricht ein Tabu

"Schweigen ist Gold" steht geschrieben

Fakten – alternativ versaut

Populismus von Despoten gestillt

Doch hört man Lügner nicht so laut

Wenn die schweigende Mehrheit brüllt

Ich denke viel und ich plane noch mehr

Mein Leben sollte nur Pralles geben

Ich habe keine Zukunft mehr

Doch will ich lange leben

Schreiben ist mein Leben

Und aus Leben wurde Lieben

Niemand konnte mehr mir geben

Als das was durch Schreiben geblieben

Gespräche übern Gartenzaun

Reden mit Freunden und mit Musen

Kleine Geheimnisse ganz im Vertrauen

Und Nachbars Katzen wenn sie schmusen

Viele freundliche Nachbarn

Die Megäre werde ich vergessen

Manche neue Liebe in den 15 Jahren

Einiges davon werde ich sehr vermissen

Ich bin unendlich müde

Und auch so furchtbar lustlos

Fast klingt es wie eine Plattitüde

Doch werd ich nicht meinen Frust los

Medien zeigen Schwäche

Politik erstarrt im Status quo

Ich führe lieber Selbstgespräche

Denn dadurch hebt sich das Niveau

Fräulein Mencke sah eine Maus

Und malte ein großes buntes Plakat

Damit jeder Bewohner in unserem Haus

Vom Monster im Keller eine Vorstellung hat

So viel Spaß im Hexenhaus

So viel Angst vor meinem Monster

Der Spaß ist gelungen – so sieht es aus

Denn ihr Monster war Willy - mein Hamster

Änderungen machen Angst

Auch dann wenn wir sie wollen

Wenn du um deine Zukunft bangst

Wo Verlässlichkeiten sich ändern sollen

Planen in die Unsicherheit

Und hoffen alles wurde bedacht

Im Kopf macht sich die Panik breit

Erwachen aus Alpträumen in der Nacht

Die Polizei meint arrogant

WIR sind Ordnung und Recht

Ich denke mir: Das ist interessant

Warum macht ihr es dann so schlecht

Ist unsere Polizei so dumm

Die Wahrheit zu verschweigen

Und wütet nun voll von Hass herum

Um LINKEN die RECHTE Macht zu zeigen

Nie hast du begriffen

Wie ich denke oder schreibe

Immer fühlst du dich betroffen

Denn du bist die – die so gern leidet

Du weißt nicht wie ich funktioniere

Denn Vorurteil ist deine Norm

In der ich nicht existiere

Das weckt deinen Zorn

Ich bin Rassist

Und ich bin ein Weißer

Ihr wisst ja nicht wie das ist

Ihr andersdenkenden Klugscheißer

Ich sage es laut

Denn feige wäre ja leise

Ich habe ganz genau geschaut

Schwarze sind viel schöner als Weiße

Wie vorher wird es nie wieder sein

Nie mehr werde ich dir vertrauen

Bist du unschuldig

Wirst du mir sagen

"Ich bin unschuldig"

Bist du schuldig

So wirst du sagen

"Ich bin unschuldig"

Meine Friseurin kommt ins Haus

Mit Schere Kamm und Spiegel

Sie breitet ihre Sachen aus

Und beginnt zu striegeln

Ich fange an zu träumen

Und denke an ein Happy End

Ihr Körper lehnt leger an meinem

Waschen-Schneiden-One Night Stand

Ein wilder Wind pfeift laut um mein Heim

Er möchte hinein

Er zerrt an Fenstern und Türen im Haus

Ich sperr ihn aus

Ausdauernd pocht er an das Eingangstor

Er tanzt mir vor

Viel später legt er sich müde zur Ruh

Ich lächle ihm zu

Mein Ex-Makler mobbt mich

Mit Handy - mit Email - mit AB

Oder fühlt er vielleicht verzockt sich

Vielleicht tat ich ihm unwissentlich weh

Neun Monate hab ich vertraut

Mit Hoffnungen und viel Phantasie

Auf Stalking hatte ich nicht gebaut

Heut mobbt er mit der gesparten Energie

Mittags gegen "high noon"

Meistens gut gelaunt und nett

Versorgt man mich so lange schon

Mit meinem alltäglichen Fresspacket

Mein Essen auf Rädern

Täglich schön heiß und bereit

Nie mehr möchte ich dies ändern

Lang soll sie leben - die Mittagszeit

Ich sehe in die Ferne

Und schaue ganz weit hinaus

Die Sonne schenkt mir ihre Wärme

Im zehnten Stock schaue ich heraus

Es ist nicht ALLES gut

Und auch nicht ALLES schön

Doch diesen Traum von Sonnenglut

Habe ich vorher noch niemals gesehen

Manchmal sind es kleine Dinge

Die einen Tag zum guten machen

Wenn ich Freunde zum Lachen bringe

Oder Freunde erzählen schöne Sachen

Die Muse – sie hat mich wieder geküsst

Vor Freude schreien könnt ich – denn

Heut wurde mir der Tag versüßt

Es kam meine neue ISBN

Panik das war mein Gefühl

Und Spannung auch - und Lust

Es war viel mehr als nur ein Spiel

Ich erinnere mich noch an den Frust

Erst 14 Jahre war ich alt

Keine Ahnung von irgendetwas

Den Körper nicht mehr in der Gewalt

Und die Hormone gaben ständig Vollgas

Unsere Sonne - sie scheint

25° Grad - das ist meine Grenze

Doch wenn der Himmel nicht mehr weint

Verzeiht - dass ich das Tageslicht schwänze

Ich liebe unsere Sonne

Und das Wasser liebe ich auch

Doch lebe ich nicht in der Regentonne

Auch Feuerschlucken ist nicht mein Brauch

Manchmal träume ich von den Bergen

Von der Seiseralm in Süd - Tirol

Berge machen uns zu Zwergen

Dort fühlen wir uns wohl

Im Paradies der Dolomiten

Wo Messner oder Luis Trenker

Schon liebten was die Berge bieten

Wird jeder Mensch zu einem Denker

Du spottest häufig über mein Urteil

Ich hätte keinen Spielerverstand

Dabei geht es nur um Fußball

Der ist nicht relevant

Lasst uns Zeit verbringen

Mit Fußball - Spaß und Feiern

Oder liegt's an ganz anderen Dingen

Du bist von Schalke und ich von Bayern

Umwelt

und

Corona

Ich höre Donner – sehe Blitze

Ich spür den Wind und den Regen

Einige warnen - andere machen Witze

Manche wollen handeln der Kinder wegen

Wer nicht für uns ist der ist unser Feind

Andere Ansichten sind falsch und dumm

Wen juckt was der Andere meint

Mutter Erde im Klimakterium

Manchmal ist die Erde traurig

Dann muss man ihr viel Liebe geben

Manchmal verhält sie sich auch schaurig

Dann wäre der Untergang besser als Leben

Nur Freiheit kann Leben geben

Doch regieren Extreme und Rechte

Für die gibt es wertvolleres als Leben

Und sie scheißen auf die Menschenrechte

Liebe Leute bleibt entspannt

Es ist zu spät für natürliches Leben

Jedem ist es doch schon lange bekannt

Die Enkel werden unser Leben nicht überleben

Und wollen wir etwas ändern

Haben wir zwar Chancen in Massen

Doch werden wir Intelligenz verschwenden

Und wertvolle Zeit damit füllen - zu hassen

Siehst du die Erde in 24 Stunden

Gäb es uns Menschen seit 4 Sekunden

Trotz allem glauben wir ganz fest daran

Dass der Mensch alle Probleme lösen kann

Elektroautos oder Windenergie

Menschen schaffen diese Wende nie

Sie helfen keiner Erde bei der Genesung

Wir sind das Problem und nicht die Lösung

Deine Meinung kann niemanden überzeugen

Denn deinen Wahrheiten hört keiner zu

Könnte Dummheit Energie erzeugen

Die Energiewende wärest du

Selten wirst du mal konkret

Selbst zu denken ist schon Anarchie

Ach – du willst wissen wie es mir geht

Was kann schon passieren – ich bin ein Genie

Ein Skandal wird uns bewusst

Alte und Kranke sterben und leiden

Niemand hat das vor "Corona" gewusst

Wir schützen sie nun indem wir sie meiden

Ich gehör auch zu diesen Alten

Es ist unser Job früher zu sterben

Es war ein Leben lang Zeit zu gestalten

Ewiges Leben gibt es nicht hier auf Erden

Nikotin tötet 100.000 Deutsche im Jahr

Durch Alkohol sterben 70.000 und mehr

Genauso viele durch – wirklich wahr

Staub-Suizid-Grippe-Verkehr

Und zusätzlich töten wir täglich 300 Föten

Deutsche Waffen sorgen für Mortalität

Corona - Viren helfen beim Töten

Es lebe die virale Solidarität

Corona verändert unsere Sicht

Wenig ändert sich in meinem Leben

Manche bedauern und verstehen es nicht

Dass Lebens - Pläne sich nicht mehr ergeben

Mit 70 sind meine Pläne erfüllt

Ich fürchte nicht Tod und Verderben

Ums Leben zu betteln bin ich nicht gewillt

Ich kann damit leben an Corona zu sterben

Corona-Viren werden es schaffen

Millionen Menschen müssen krepieren

Doch sind es meistens nur die Schwachen

Und denen wird sowieso Schlimmes passieren

Sie verscharren noch die Toten

Da faselt die Politik schon vom Sieg:

"Wir haben dem Virus die Stirn geboten"

Die Toten zählen wir erst nach dem Krieg

Mein Kopf sagt mir lange schon: Sei bereit

Das Leben wird hier nicht besser werden

Corona kommt doch zur rechten Zeit

Es reicht schon lang auf Erden

Neugier weicht nun der Routine

Und Lebensziele bestehen aus Geld

Auch Freunde – Bekannte und die Familie

Leben nur noch in Zeitschleifen ihrer Welt

Punkt neun Uhr springt mein Radiowecker an

Moderatoren haben grundlos gute Laune

Seit Wochen hat Corona uns im Bann

Katastrophenlaune - ich staune

Mit ihrer infantilen Stimmung

Wollen sie uns die Tage versüßen

Ein Würgereiz raubt mir die Besinnung

Corona lacht "Alles ist gut" - und lässt grüßen

Corona-Viren sei gedankt

Kein dummer Spruch zu Ostern

Niemand der mitleidig an mich denkt

Und keiner muss mein Singledasein posten

Paare fragen: "Bist du allein"

Menschen die sich nichts mehr sagen

Meinen: "Zwei können nicht einsam sein"

Corona lässt sie über Zweisamkeit klagen

Was tust du in "Corona-Zeiten"

Werd ich gefragt - und bin verstört

"Wir werden uns die Zeit schon vertreiben"

Sagen sie – ich glaube nicht was man da hört

"Corona" schenkt mir Lebenszeit

Lesen - Denken - Träumen - Schreiben

Und in meinen Gedanken reise ich weit

Die kostbare Zeit werde ich nicht vertreiben

Wenn ich an Corona denke

Denke ich meist an Empathie

Denn Mitgefühle sind Geschenke

Für eine neue moralische Philosophie

Doch manchmal ist mein Hirn so träge

Dann denk ich an den "Kinderfunk"

Und an die Radio - Vorschläge

Corona-Zeit-Vertreibung

Haben wir die Freiheit wieder

Ist Morgen mit "Lockdown" Schluss

Spielen noch die Geister in der Bundesliga

Haben wir ihn denn nicht gehört – den Schuss

Weckt Corona unser Gewissen

Oder wurde Humanismus verwettet

Lassen uns die Politiker später wissen:

"Damals haben wir den Kapitalismus gerettet"

Hygiene-Demos und Impfgegnerschaft

Reichsbürgern ist die BRD zuwider

Wie man das terminlich schafft

Dazu noch AfD und Pegida

Manchmal da bemitleide ich diese Toren

Doch die brauchen mein Mitleid nicht

Das Vakuum zwischen ihren Ohren

Ist viel klüger - aus ihrer Sicht

Wenn ich auf mein Leben blick

Wird mir vor Glück fast schwindelig

Und schaut das Leben zu mir zurück

Dann erscheint es mir außerordentlich

Friedlich wurd ich alt und grau

Und hörte niemals Bomben grollen

Drum weiß ich heut auch ganz genau

Zur andren Zeit hätt ich nie leben wollen

Schlussendlich

Ich spüre eine Leere die ich nie kannte

Aber die ich schon Jahre erwarte

Angst die ich lange verbannte

Vor der ich nun erstarrte

Ein leeres Blatt DIN A4

Bekommt nun ein Eigengewicht

Der Text auf dem zerknüllten Papier

Der ist dann wohl mein letztes Gedicht

Nach etwa 150 Liedern

Und nach circa 1.000 Reimen

Dichte ich nun ab heut nie wieder

Zur Freud und Leid der andern oder einen

Zum Schluss füg ich nur noch eines an

Der Grund dass ich 3 Bücher schrieb

Das sag ich euch als alter Mann

Ist der: Ich hab euch lieb

Dallo

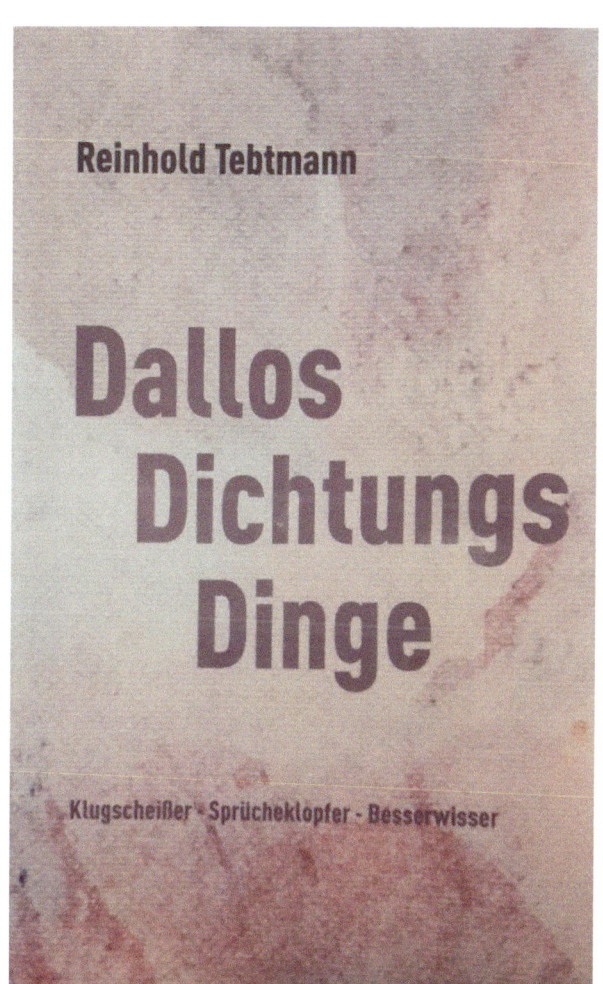

Reinhold Tebtmann

Dallos Dichtungs Dinge

Klugscheißer · Sprücheklopfer · Besserwisser

Dallos
Gereimtheiten

Reinhold Tebtmann